BEI GRIN MACHT SICH IF WISSEN BEZAHLT

- Wir veröffentlichen Ihre Hausarbeit, Bachelor- und Masterarbeit

- Ihr eigenes eBook und Buch - weltweit in allen wichtigen Shops

- Verdienen Sie an jedem Verkauf

Jetzt bei www.GRIN.com hochladen und kostenlos publizieren

Maria Astafjeva

State of the Art: Sensoren in mobilen Endgeräten

GRIN Verlag

Bibliografische Information der Deutschen Nationalbibliothek:

Die Deutsche Bibliothek verzeichnet diese Publikation in der Deutschen National-
bibliografie; detaillierte bibliografische Daten sind im Internet über http://dnb.d-
nb.de/ abrufbar.

Dieses Werk sowie alle darin enthaltenen einzelnen Beiträge und Abbildungen
sind urheberrechtlich geschützt. Jede Verwertung, die nicht ausdrücklich vom
Urheberrechtsschutz zugelassen ist, bedarf der vorherigen Zustimmung des Verla-
ges. Das gilt insbesondere für Vervielfältigungen, Bearbeitungen, Übersetzungen,
Mikroverfilmungen, Auswertungen durch Datenbanken und für die Einspeicherung
und Verarbeitung in elektronische Systeme. Alle Rechte, auch die des auszugsweisen
Nachdrucks, der fotomechanischen Wiedergabe (einschließlich Mikrokopie) sowie
der Auswertung durch Datenbanken oder ähnliche Einrichtungen, vorbehalten.

Impressum:

Copyright © 2012 GRIN Verlag GmbH
Druck und Bindung: Books on Demand GmbH, Norderstedt Germany
ISBN: 978-3-656-29081-0

Dieses Buch bei GRIN:

http://www.grin.com/de/e-book/202648/state-of-the-art-sensoren-in-mobilen-end-
geraeten

GRIN - Your knowledge has value

Der GRIN Verlag publiziert seit 1998 wissenschaftliche Arbeiten von Studenten, Hochschullehrern und anderen Akademikern als eBook und gedrucktes Buch. Die Verlagswebsite www.grin.com ist die ideale Plattform zur Veröffentlichung von Hausarbeiten, Abschlussarbeiten, wissenschaftlichen Aufsätzen, Dissertationen und Fachbüchern.

Besuchen Sie uns im Internet:

http://www.grin.com/

http://www.facebook.com/grincom

http://www.twitter.com/grin_com

UNIVERSITÄT DUISBURG-ESSEN

Seminararbeit

zum Thema

State of the Art:
Sensoren in mobilen Endgeräten

Vorgelegt der Fakultät für Wirtschaftswissenschaften
der Universität Duisburg-Essen

von: Maria Astafjeva

Sommersemester 2012, 1XX. StudiensemesterInhaltsverzeichnis

Abbildungsverzeichnis

Abkürzungsverzeichnis

CCD .... Charge Coupled Device

CMOS ...... Complementary Metal Oxide Semiconductor

GPS .... Global Positioning System

LED .... Light-Emitting Diode

PDA .... Personal Digital Assistant

1 Einführung

Sensoren spielen eine entscheidende Rolle für die Informationsgewinnung aus der Umwelt, den Prozessen und Verfahren in der Medizin, der Roboter- und Fahrzeugtechnik, der Haushalt- und Bürotechnik. Kein Bereich der Mess-, Steuer-, Regelungs- und Automatisierungstechnik kann ohne Sensoren verwirklicht werden (Hauptmann 1990, Vorwort).

Dank moderner Mikroelektronik und Miniaturisierung werden die Sensoren immer kleiner und leistungsfähiger. So werden sie auch zunehmend in den mobilen Endgeräten eingesetzt und unterstützen die Entwicklung neuer Funktionen und Features. Neue sensorbasierte Interaktionsformen für mobile Endgeräte werden entwickelt, die neben den etablierten Tastatur und Touchscreen verwendet werden können. So können z. B. einige Anwendungen durch die Eigenbewegungen des Gerätes, wie z. B. Nicken, Schütteln oder Drehen, oder durch die Handbewegungen in der Nähe des Gerätes gesteuert werden. Andere Anwendungen „verstehen" die Sprachkommandos des Nutzers.

Die Auswertung der physikalischen Größe „Bewegung" spielt insbesondere für die modernen Spielkonsolen eine zunehmende Rolle. Sie dient zur Bestimmung der Bildorientierung, zur Bildstabilisierung und stellt eine Eingabeschnittstelle dar. Außerdem werden die bewegungsgesteuerten Funktionen verstärkt in medizinischen mobilen und portablen Endgeräten zum Patienten-Monitoring oder zur Rehabilitationsüberwachung eingesetzt. Digitale Kameras enthalten Positions- und Lagesensoren, um Fotos und Videos mit Angaben zum Aufnahmeort zu versehen und die genaue Richtung der Kamera zu dokumentieren. Lagesensoren werden auch in TV-Fernsteuerungen eingesetzt, um eine ergonomische Menüführung auf dem Bildschirm zu ermöglichen (Scantec 2010).

Eine Reihe weiterer Sensoren ermöglichen die Realisierung neuer Funktionen und Anwendungen, die zunehmend auch in mobilen Endgeräten eingesetzt werden und die Menschen im Alltag unterstützen. Dabei umfasst der Begriff „mobiles Endgerät" ein breites Spektrum der Geräte. Sie reichen von Mobiltelefonen und PDAs über die Diagnosetester und andere Geräte zur mobilen Datenerfassung bis zur Informationstechnik eines Fahrzeugs (Bundesamt für Sicherheit in der Informationstechnik (BSI) o.J.). In dieser Seminararbeit werden nur mobile Endgeräte aus dem Unterhaltungselektronik-Bereich betrachtet, wie beispielsweise Mobiltelefone, Smartphones, Tablet-PCs oder E-Book-Reader. Ziel dieser Seminararbeit besteht darin, einen möglichst umfassenden Überblick über die in mobilen Endgeräten eingesetzten Sensoren zu vermitteln und dadurch eröffnete Anwendungsmöglichkeiten zu beleuchten. Aus dem Grund der Vielzahl der Hersteller und der rasanten Weiterentwicklung der mobilen Endgeräte kann hier kein Anspruch auf Vollständigkeit erhoben werden.

2 Grundlagen der Sensorik

Sensoren dienen als Schnittstelle zwischen dem elektronischen System und der Umwelt. Dabei erfassen sie die Kontextinformationen des Systems, die von den Elementen der Mikroelektronik ausgewertet und in ein Ausgangssignal aufbereitet werden.

Der Begriff *SENSOR* stammt aus dem Lateinischen (sensus: Sinn) und ist begrifflich identisch mit (Mess-)Fühlern (Hering und Schönfelder 2012, S. 1; Hesse und Schnell 2011, S. 2). Dabei definieren HESSE UND SCHNELL die Sensoren als *„... ein technisches Bauteil, das aus einem Prozess zeitvariable physikalische oder auch elektrochemische Größen erfasst und in ein eindeutiges elektrisches Signal umsetzt"* (2011, S. 2).

Abbildung 2.1 zeigt den modellhaften Aufbau und das Wirkprinzip eines Sensors.

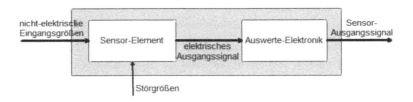

Abbildung 2.1: Wirkprinzip von Sensoren

Quelle: in Anlehnung an Hering und Schönfelder 2012, S. 1

Wie in Abbildung 2.1 dargestellt, besteht ein Sensor aus zwei Teilen: dem *SENSOR-ELEMENT* und der *AUSWERTE-ELEKTRONIK*. Das Sensor-Element erfasst die zu messenden *NICHT-ELEKTRISCHEN EINGANGSGRÖßEN* und wandelt diese durch naturwissenschaftliche Gesetze in ein *ELEKTRISCHES AUSGANGSSIGNAL* um. Dieses Ausgangssignal wird in der Auswerte-Elektronik durch Schaltungselektronik oder Softwareprogramme in ein *SENSOR-AUSGANGSSIGNAL* verarbeitet, das zur Steuerung der Aktoren oder Auswertung der Daten verwendet werden kann. Die eventuell entstehenden äußeren Störgrößen können dabei rechnerisch berücksichtigt werden (Hering und Schönfelder 2012, S. 1). Um Sensor-Ausgangssignal in digitaler Form zu erhalten, werden Analog-Digital-Wandler in die Auswerte-Elektronik integriert (Hering und Schönfelder 2012, S. 2).

Sensoren, bei denen mechanische und elektronische Komponenten, also Sensor-Element und Auswerte-Elektronik, als getrennte Einheiten realisiert sind, werden als *KONVENTIONELLE SENSOREN* bezeichnet. Im Gegensatz dazu sind bei den so genannten *SMART-SENSOREN* das Sensor-Element und die Auswerte-Elektronik zu einem System zusammengefasst. Smartsensoren haben zum Vorteil, dass sie *„...die in einem Sensor steckende (statische und dynamische) Genauigkeit mit den Mitteln der (meist auch digitalen)*

Mikroelektronik bis zu einem weit höheren Maße [ausnutzen] *als konventionelle Sensoren"* (Reif 2010, S. 11).

Es wird zwischen den aktiven und passiven Sensoren unterschieden. *AKTIVE SENSOREN* wandeln die Messgröße in eine elektrische Größe, ohne äußere Hilfsspannung zu benötigen (z. B. bei Thermoelementen oder piezoelektrischen Sensoren[1]). *PASSIVE SENSOREN* hingegen müssen mit einer äußeren Hilfsenergie versorgt werden, um diese Umwandlung durchzuführen (z. B. bei der Abstandsmessung durch Ultraschallsensoren) (Hering und Schönfelder 2012, S. 2). Aktive Sensoren können oft nur eine geringe Genauigkeit aufweisen, bei den passiven Sensoren sind hohe Genauigkeiten erreichbar (Hesse und Schnell 2011, S. 2-3).

Bezüglich der zu messenden Signale werden die Sensoren in zwei Gruppen unterteilt. *EXTERNE SENSOREN* nehmen die Messsignale aus der Umwelt auf. Das sind beispielsweise Lichtsensoren, Schall- und Ultraschallsensoren, Kamera usw. *INTERNE SENSOREN* erfassen die inneren Zustände des Systems, wie z. B. Position und Orientierung, Geschwindigkeiten oder Batteriestand. Beispiele sind u. a. Beschleunigungssensoren, Lagesensoren und Magnetfeldsensoren (Hesse und Schnell 2011, S. 3).

Zur Herstellung der Sensoren werden verschiedene Techniken verwendet, die unterschiedliche Effekte zur Erfassung der Messwerte ausnutzen, wie z. B. piezoelektrischen Effekt, resistive und piezoresistive Effekte, magnetoresistive und magnetostriktive Effekte, Effekte der Induktion, Effekte der Kapazität, thermoelektrischen Effekt, photoelektrischen Effekt u. v. m. Diese und andere Effekte sind z. B. in (Hering und Schönfelder 2012, S. 3-125) ausführlich dargestellt.

---

[1] Bestimmte Materialien werden durch Einwirkung von äußeren Kräften verformt. Der positive und der negative Ladungsschwerpunkte werden dadurch verschoben und fallen nicht mehr zusammen. An der Oberfläche der Materialien sammeln sich Ladungen. So entsteht eine elektrische Spannung (Hering und Schönfelder 2012, S. 3).

3 Sensoren in mobilen Endgeräten

In diesem Kapitel wird ein Überblick über die in mobilen Endgeräten eingesetzten Sensoren vermittelt. Dabei wird insbesondere auf die technische Realisierung des jeweiligen Sensors eingegangen und dadurch eröffnete Anwendungsmöglichkeiten werden erläutert.

3.1 Berührungssensoren

Fast alle mobilen Endgeräte werden heute mit einem Touchscreen bzw. Touchpad ausgestattet. Diese feinfühligen Oberflächen ersetzen die Computermaus und die Tastatur und bieten dem Nutzer eine einfachere Interaktionsform. Für deren Realisierung in mobilen Endgeräten können resistive oder kapazitive Berührungssensoren verwendet werden.

3.1.1 Resistive Berührungssensoren

RESISTIVE BERÜHRUNGSSENSOREN erfassen den Druck, der auf die Oberfläche ausgeübt wird und nutzen dabei den *RESISTIVEN EFFEKT* aus. *„Der resistive Effekt beschreibt die Abhängigkeit des spezifischen elektrischen Wiederstandes […] eines Leiters von der mechanischen Spannung […]"* (Hering und Schönfelder 2012, S. 6).

Die berührungsempfindliche Oberfläche eines resistiven Berührungssensors besteht aus zwei halbleitenden Schichten, die durch kleine Abstandshalter voneinander getrennt sind (Abbildung 3.1).

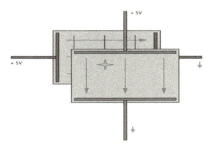

Abbildung 3.1: Resistiver Berührungssensor
Quelle: Geyssel 2011

An beide Schichten wird eine Gleichspannung angelegt. Die Spannungen verlaufen senkrecht zueinander und nehmen von einem Rand zum gegenüberliegenden gleichmäßig ab. Die untere Schicht ist auf einer Grundfläche befestigt. Die obere Schicht ist lediglich mit dem Polyester überzogen. Sie biegt sich bei jedem Berühren nach innen und drückt somit auf die untere Schicht. Dabei ändert sich die Spannung an der Druckstelle. Anhand der Spannungsänderung[2] kann die Position der Druckstelle berechnet werden (Geyssel 2011).

Resistive Berührungssensoren sind nicht multitouch-fähig, d. h. wenn man mit zwei oder mehr Fingern die Oberfläche berührt, wird lediglich die Kontaktfläche der beiden Schichten vergrößert. Die Druckstellen können nicht einzeln erfasst werden. Der weitere Nachteil der resisitiven Berührungssensoren besteht in deren Lebensdauer. Durch ständiges Dehnen und Biegen entstehen in den Schichten die Mikrorisse, die die elektrischen Eigenschaften der Schichten stark beeinträchtigen. Zu den Vorteilen gehört relativ kostengünstige Herstellung der Sensoren. Außerdem lassen sie sich mit beliebigen Gegenständen bedienen (Geyssel 2011).

3.1.2 Kapazitive Berührungssensoren

Ein *KAPAZITIVER BERÜHRUNGSSENSOR* benötigt keinen Druck und detektiert Berührungspunkte an der mit Glass geschützten Oberfläche, indem er die Kapazitätsänderungen misst. Eine *KAPAZITÄT "...gibt an, wie groß die Ladungsmenge [...] ist, die bei einer* [bestimmten] *Spannung [...] auf den Kondensatoroberflächen gespeichert werden kann"* (Hering und Schönfelder 2012, S. 32). KONDENSATOREN sind hierbei *"...zwei gegeneinander isolierte, entgegengesetzt geladene Leiteroberflächen beliebiger Geometrie, zwischen denen eine Spannung [...] herrscht"* (Hering und Schönfelder 2012, S. 32).

Abbildung 3.2 zeigt den modellhaften Aufbau eines Kondensators, der in Verbindung mit einem Mikrokontroller einen kapazitiven Berührungssensor darstellt.

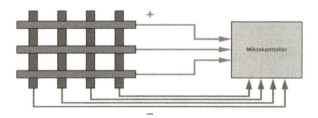

Abbildung 3.2: Kapazitiver Berührungssensor

Quelle: Geyssel 2011

---

[2] Dadurch dass die Spannungen an beiden Schichten von einem Rand zum gegenüberliegenden Rand gleichmäßig abnehmen, entsteht bei dem Druck auf unterschiedlichen Stellen eine unterschiedliche Spannungsänderung.

So werden die Leiteroberflächen in einem zweischichtigen Gitternetz aufgebaut. Zwischen den Leiteroberflächen befindet sich ein isolierendes Material. An der unteren Seite befindet sich ein Schaltkreis, der ständig die Kapazität an den Kreuzungspunkten des Gitters misst und die Messwerte an den Mikrokontroller weitergibt. Von der oberen Seite ist das Gitternetz durch eine Glasschicht gegen mechanische Störungen geschützt (Geyssel 2011). Somit sind die kapazitiven Berührungssensoren wesentlich robuster, als die resistiven.

Da ein Finger elektrisch leitend ist, fließen die Ladungen an ihm ab, sobald er den Touchscreen berührt. Dadurch ändert sich das elektrische Feld zwischen den Leiteroberflächen und führt zu einer Kapazitätsänderung, die gemessen werden kann. Bewegt sich der Finger über die Oberfläche, so ändert sich Kapazität an mehreren Kreuzungspunkten. Dadurch dass die Kapazität im gesamten Gitternetz (also an allen Kreuzungspunkten) ständig gemessen wird, können die gleichzeitigen Eingaben von mehreren Fingern detektiert werden. Somit ist ein kapazitiver Berührungssensor multitouch-fähig (Geyssel 2011).

Der Nachteil der kapazitiven Berührungssensoren besteht darin, dass sie nur Berührungen von leitenden Gegenständen (nackten Fingern) erfassen können.

3.2 Sensoren zur Positions- und Bewegungserfassung

Neben den Tastatur- und Touchscreen-Eingaben gewinnt auch Bewegungserkennung als eine Interaktionsform immer mehr an Bedeutung. In mobilen Endgeräten werden zur Bewegungserfassung Beschleunigungssensoren, Lagesensoren und/oder Magnetfeldsensoren eingesetzt, die sich gegenseitig ergänzen können, um maximal mögliche Genauigkeit zu erreichen. Außerdem kann die Bewegungserfassung den Lokalisierungssensor bei der Navigation unterstützen.

3.2.1 Beschleunigungssensoren

BESCHLEUNIGUNGSSENSOREN, auch Accelerometer genannt, gehören zu den Inertialsensoren[3] und dienen dazu, die lineare Bewegung des Geräts zu erfassen. Das Erste Newtonsche Gesetz besagt, dass *„ein Körper im Zustand der Ruhe oder der gleichförmigen Translation [verharrt], sofern er nicht durch einwirkende Kräfte zur Änderung seines Zustands gezwungen wird"* (Wikipedia 2012). Das Zweite Newtonsche Gesetz besagt, dass *„die Änderung der Bewegung einer Masse der Einwirkung der bewegenden Kraft proportional [ist] und nach der Richtung derjenigen geraden Linie [geschieht], nach*

---

[3] Inertialsensoren nutzen die Massenträgheit von Objekten, um deren Bewegung zu messen.

welcher jene Kraft wirkt" (Wikipedia 2012). Somit kann die Trägheit einer Masse zur Bestimmung der relativen Änderung von Position und Bewegungsrichtung genutzt werden.

Die Beschleunigungssensoren funktionieren nach dem Prinzip einer Feder und einer darauf befestigten trägen Masse. Bei jeder Bewegung würde sich die Feder senkrecht zur Erdanziehungskraft ausdehnen und zusammenziehen. Messung dieser Federschwankungen ließe die Intensität und die Richtung der Bewegung ermitteln (Hammack 2012).

In einem mobilen Endgerät kommen Beschleunigungssensoren in Form eines Chips zum Einsatz. Dort befinden sich drei Konstruktionen, die jede Bewegung entlang der drei translatorischen Achsen (x-, y- und z-Achse) erfassen. Jede dieser Konstruktionen wird in einem separaten Gehäuse realisiert (Abbildung 3.3).

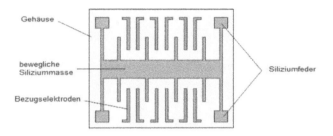

Abbildung 3.3: Beschleunigungssensor[4]

Quelle: in Anlehnung an Hammack 2012

In dem Gehäuse wird eine Siliziummasse in kammartiger Form untergebracht, die mit Hilfe von Siliziumfedern an das Gehäuse angebunden wird. So bewegt sich die Siliziummasse mit jeder Bewegung des Geräts und produziert dabei Strom. Die elektrische Kapazität zwischen der Siliziummasse und den fest positionierten Bezugselektroden ändert sich. Durch die Erfassung und Auswertung dieser elektrischen Schwankungen kann die lineare Bewegung des mobilen Endgeräts errechnet werden (Hammack 2012).

Beschleunigungssensoren für mobile Endgeräte haben einen sehr kleinen Messwertebereich von ±1g bis ±8g[5]. Um die Messgenauigkeit dieser Sensoren nicht zu gefährden, wird die Auswerte-Elektronik auf demselben Chip integriert. Es handelt sich also um die Smartsensoren mit integrierten Analog-Digital-Wandlern zur Digitalisierung der Messwer-

---

[4] Die Grafik wurde dem Video von Bill Hammack entnommen und um die Beschriftungen der abgebildeten Elemente erweitert.
[5] 1g entspricht der Erdschwerebeschleunigung von 9,81 m/s².

te (Scantec 2010). So werden mechanisch produzierte Signale in der Auswerte-Elektronik aufbereitet und in einer digitalen Form zur Ansteuerung von Aktoren ausgegeben.

Mit Hilfe von Beschleunigungssensoren lässt sich eine Reihe von Funktionen und Anwendungen realisieren. Sie werden oft als „Wake-Up"-Bausteine zum Aktivieren des Geräts, sobald es in die Hand genommen wird, eingesetzt. Sie werden zum Umschalten zwischen dem Hoch- und Querformat der Bildschirminhalte verwendet. Zahlreiche Spiele für mobile Endgeräte werden entwickelt, deren Bedienung anhand von Beschleunigungssensoren erfolgt.

Die Auswertung der Messwerte wird jedoch dadurch eingeschränkt, dass die Beschleunigungssensoren nicht zwischen Beschleunigung aufgrund von Schwerkraft und aufgrund von Bewegung unterscheiden können. Um eine genauere Bewegungserfassung zu erzielen, werden sie oft durch Lagesensoren ergänzt (Scantec 2010).

3.2.2 Lagesensoren

LAGESENSOREN, auch Drehratensensoren oder Gyroskope genannt, gehören zu den Inertialsensoren und messen die Winkelgeschwindigkeiten bei den Rotationsbewegungen des Geräts. Anders als Bewegungssensoren reagieren Lagesensoren nicht auf Schwerkraft, sondern auf Drehbewegungen, die aufgrund von Corioliskraft[6] entstehen.

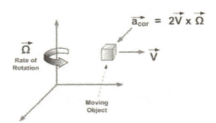

Abbildung 3.4: Coriolis-Effekt
Quelle: Scantec 2010

Wie die Abbildung 3.4 zeigt, wird ein sich mit Geschwindigkeit V bewegendes und mit Ω rotierendes Objekt einer Schwingung[7] ausgesetzt. Diese Schwingung wird durch die Be-

---

[6] Corioliskraft ist die ablenkende Kraft, die bei Bewegungen auf rotierende Körper einwirkt und deren Beschleunigung senkrecht zur Bewegungsrichtung verursacht.
[7] Schwingung bezeichnet den Verlauf der Zustandsänderung eines physikalischen Systems, die durch eine einwirkende Kraft verursacht wurde.

schleunigung a_{cor} verursacht, die senkrecht zur Bewegungsrichtung (Sensierrichtung), senkrecht zur Rotationsachse und entgegen der Rotationsrichtung des Objekts einwirkt und zur Spannungsänderung führt. Über die Messung der Spannungsänderung lässt sich die Drehrate bzw. Winkelgeschwindigkeit des Objekts berechnen (Scantec 2010).

Die Rotationsbewegungen lassen sich, genau wie lineare Bewegungen, dreidimensional erfassen. Man spricht hierbei um einen 3-Achsen-Lagesensor.

Beschleunigungssensor und Lagesensor können auf einen Chip integriert werden. So verwendet Bosch drei Platten (eine für jede Achse), auf denen sich jeweils Elemente des Beschleunigungs- und des Lagesensors befinden (Abbildung 3.5).

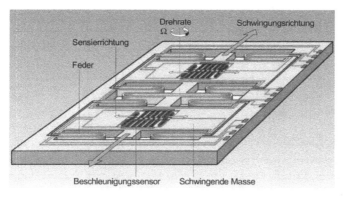

Abbildung 3.5: Bewegungssensor von Bosch®
Quelle: Theiss 2011

Die schwingende Masse des Lagesensors wird durch die Spannungen an der inneren Kammstruktur des Beschleunigungssensors zur Bewegung auf ihrer primären Frequenz angeregt. Dadurch, dass die Federn in Schwingungsrichtung weniger steif sind, als in Sensierrichtung, erfolgt die durch Drehung resultierende Coriolis-Schwingung auf einer anderen sekundären Frequenz. Dies ermöglicht das Detektieren von Drehbewegungen. Bei einer geeigneten Auslegung ist die Amplitude der sekundären Schwingung nahezu linear zur Drehrate (Theiss 2011).

Kombination aus Beschleunigungssensoren und Lagesensoren ermöglicht es, die Bewegungsvektoren in die Komponenten Schwerkraft, lineare Bewegung und Rotationsbewegung zu zerlegen (Scantec 2010), und somit die Bewegungen des mobilen Endgeräts genauer zu erfassen und zu interpretieren.

3.2.3 Magnetfeldsensoren

MAGNETFELDSENSOREN, auch Kompasssensoren genannt, erfassen die Bewegungsrichtung in Bezug zum magnetischen Nordpol der Erde. Dabei nutzen sie die magnetoresistiven Effekte oder den Hall-Effekt aus.

MAGNETORESISTIVER EFFEKT tritt dann auf, wenn durch Anlegung eines magnetischen Feldes an einen Werkstoff sich sein elektrischer Wiederstand verändert. Diese Veränderung ist abhängig vom Winkel der Magnetfeldlinien (Hering und Schönfelder 2012, S. 12). Es gibt eine Reihe von magnetoresistiven Effekten, die sich aufgrund von Materialien und Bauform der Sensoren unterscheiden[8].

Der *HALL-EFFEKT* tritt dann auf, wenn ein stromdurchflossener Leiter oder Halbleiter ein elektrisches (Gegen-)Feld aufbaut, wenn er sich in einem Magnetfeld befindet (Hering und Schönfelder 2012, S. 47).

In beiden Fällen wird eine Spannungsschwankung im Material verursacht, die gemessen werden kann. Aufgrund der gemessenen Spannung kann die Bewegungsrichtung errechnet werden. Der Vorteil der Magnetfeldsensoren liegt in ihrer Fähigkeit, die Bewegungsrichtung in Bezug zu einer Referenz, dem magnetischen Nordpol, zu erfassen (Scantec 2010), wodurch die Genauigkeit der Messung maximiert wird.

3.2.4 Sensorfusion

Keiner der Sensoren kann die Messwerte fehlerfrei erfassen. Viele Faktoren wie z. B. Werkstoffeigenschaften, Temperatur, äußere elektrische oder magnetische Felder, Rauschen[9] und Zeit beeinflussen die Genauigkeit des Ausgangssignals. Allgemein kann die Genauigkeit eines Sensors durch die Eigenschaften Linearität, Hysterese und Drift beschrieben werden (Hesse und Schnell 2011, S. 2).

LINEARITÄT ist „... *ein Maß für die Abweichung der Kennlinie des Ausgangssignals von einer Geraden"* (Hesse und Schnell 2011, S. 10). Sie wird vor allem durch das Rauschen beeinträchtigt.

HYSTERESE ist ein Phänomen, das Situationen beschreibt, in denen „*kein funktionaler Zusammenhang zwischen Polarisation [...] und elektrischem Feld [...], bzw. zwischen Magnetisierung [...] und magnetischem Feld [...] existiert, sondern Gedächtniseffekte eine Rolle spielen"* (Wiedermann 2004, S. 92). Dies bedeutet, dass ein System auf externe

---

[8] Eine Übersicht und ausführliche Darstellung sind z. B. in (Hering und Schönfelder 2012, S. 12-20) zu finden.
[9] Rauschen – unregelmäßige Stromschwankungen, die durch Überlagerung vieler Schwingungen mit unterschiedlicher Amplitude und Frequenz, bzw. vieler Wellen mit unterschiedlicher Wellenlänge verursacht werden (Wikipedia 2011).

Krafteinwirkungen reagiert und nach dem Aufhören dieser Einwirkungen nicht mehr seinen Ausgangszustand annimmt.

DRIFT ist „... *eine unerwünschte Änderung im Ausgangssignal, die bei einer Messung über einen längeren Zeitraum auftritt*". Sie ist von der Messgröße unabhängig und wird durch die Leckströme und/oder erhöhte Temperaturen verursacht bzw. verstärkt (Laible et al. 2009, S. 119).

Damit die Einflüsse dieser Messfehler auf die Bewegungserkennung minimiert werden, können die Messergebnisse der Beschleunigungs-, Lage- und Magnetfeldsensoren kombiniert werden. Auf diese Weise werden Einschränkungen und Messfehler einzelner Sensortypen durch die anderen ausgeglichen.

Jeder von drei Sensortypen zur Bewegungserfassung ist mittlerweile als eine integrierte 3-Achsen-Lösung verfügbar. So lässt sich ein 9-Achsen-System zur Bewegungserfassung darstellen, indem die drei Sensorbausteine durch einen Controller miteinander verknüpft werden (Scantec 2010). Der industrieweit erste Sensorbaustein, in dem alle drei Sensoren zu einer 9-Achsen-Lösung integriert werden, ist MPU 9150-Motion-Tracking-IC von InvenSense Inc. Die MotionFusion™-Firmware kombiniert die Messdaten von Beschleunigungssensor, Lagesensor und Magnetfeldsensor zu einem Sensorfusion-Datenstrom (Scantec 2012). Solche integrierte Lösung soll es den Entwicklern erleichtern, die bewegungsbasierten Funktionen und Anwendungen zu realisieren, indem die Komplexität der Algorithmen zur Bewegungsberechnung stark reduziert wird (Scantec 2012).

3.2.5   Lokalisierungssensoren

LOKALISIERUNGSSENSOREN dienen der Positionsbestimmung eines Geräts in Echtzeit und sind mit Hilfe der Satellitennavigation-Technologie realisiert. Derzeit gibt es weltweit vier Satellitennavigationssysteme, die sich teilweise noch in Entwicklung befinden. Die größte Verbreitung hat Global Positioning System (GPS) gefunden. GPS, offiziell NAVSTAR GPS, ist ein vom US-Verteidigungsministerium für militärische Zwecke entwickeltes globales Navigationssatellitensystem, das seit 2000 auch für zivile Zwecke genutzt werden kann. Laut Teltarif ist ein integrierter GPS-Empfänger in einem mobilen Endgerät mit Navigationsfunktion mittlerweile Standard (2012).

GPS basiert auf Satelliten, die ununterbrochen ihre aktuelle Position, Umlaufbahn und Uhrzeit ausstrahlen. Diese Bahndaten werden vom GPS-Empfänger erfasst, gespeichert und für spätere Rechnungen verwendet. Um seine eigene Position zu bestimmen, vergleicht der GPS-Empfänger die Zeit, zu der Signal ausstrahlt wurde mit der Zeit, zu der es empfangen wurde. Auf diese Weise kann die Entfernung zum jeweiligen Satellit berechnet werden. Um die Position zweidimensional zu bestimmen, braucht GPS-Empfänger

Daten von mindestens drei Satelliten. Mit den Daten von mindestens vier Satelliten lässt sich die dreidimensionale (um die Höhe über dem Meeresspiegel erweiterte) Position bestimmen. Durch ständige Neuberechnung der Position kann auch die Geschwindigkeit und Bewegungsrichtung errechnet werden (Kowoma 2007).

Spezielle (teure) GPS-Empfänger erreichen eine Genauigkeit im Zentimeter-Bereich. Typische GPS-Empfänger für zivile Nutzung hingegen bieten nur eine Genauigkeit von bis zu 20 Meter (Kowoma 2007a). Außerdem braucht ein GPS-Empfänger eine freie Sicht zum Himmel, um Signale empfangen zu können. In den Gebäuden oder Tunnels ist der Empfang unmöglich. Auch zwischen den Häusern kann er stark beeinträchtigt sein. Dies reicht zwar für eine automobile Navigation, wirkt sich jedoch auf die Fußgängernavigation sehr negativ aus. Daher werden verstärkt die von den Beschleunigungssensoren (vgl. Abschnitt 3.2.1) ermittelten Bewegungen bei der Navigation mitberücksichtigt (Theiss 2011).

Weitere Navigationssatellitensysteme sind GLONASS, Beidou und Galileo. GLONASS ist das russische globale Navigationssatellitensystem, das seit 2011 für zivile Zwecke verwendet werden kann. Technisch basieren GLONASS und GPS auf ähnlichen Prinzipien, beide werden von den militärischen Organisationen betrieben (Wikipedia 2012b). Beidou, auch Compass genannt, ist das chinesische Satellitennavigationssystem. Gegenwärtig ist Beidou nur in China und umliegenden Gebieten verfügbar. Die weltweite Abdeckung ist bis zum Jahre 2020 geplant (N-TV 2011). Galileo ist das europäische Satellitennavigationssystem, das speziell für zivile Anwendungen in Bereichen wie Verkehr, Telekommunikation, Landwirtschaft und Fischerei ausgelegt ist (Europa 2006). Erste Dienste sollen ab 2014 angeboten werden, die vollständige Einsatzbereitschaft soll bis zum Jahre 2020 erreicht werden (N-TV 2011).

3.3 Optische Sensoren

Optische Sensoren wandeln optische Strahlungen in elektrische Signale um. Dabei wird als optische Strahlung nicht nur sichtbares Licht, sondern auch Infrarotlicht und ultraviolette Strahlung bezeichnet. Das Licht mit der Wellenlänge von 380 nm (Nanometer) bis 780 nm kann vom menschlichen Auge wahrgenommen werden und wird als sichtbares Licht bezeichnet. Licht mit einer Wellenlänge zwischen 780 nm und 1 mm wird als Infrarotes Licht bezeichnet. Ultraviolettes Licht hat die Wellenlänge zwischen 1 nm und 380 nm.

In mobilen Endgeräten werden Sensoren zur Erfassung des sichtbaren Lichts und des Infrarotlichts eingesetzt. Die ultraviolette Strahlung findet in mobilen Endgeräten keine Anwendung.

3.3.1 Bildsensoren

Der *BILDSENSOR* einer (im mobilen Endgerät verbauten) Digitalkamera erfasst über seine Pixel (Picture Elements) die Intensität des Lichts, das auf seine Oberfläche auftrifft,
und setzt es in elektrische Signale um. Diese Signale werden über einen Analog/Digital-
Wandler digitalisiert und in der Auswerte-Elektronik zu einer digitalen Bilddatei konvertiert.

In den Digitalkameras werden CCD-(Charge Coupled Device) und CMOS-(Complementary
Metal Oxide Semiconductor) Sensortypen verwendet. Beide Sensortypen sind Metall-
Oxid-Halbleiterbausteine (Häßler 2008). Deren lichtempfindlicher Bereich besteht aus
Silizium, ist in die Pixel aufgeteilt und mit einem Rot-Grün-Blau-Filter versehen. Da die
Bildsensoren auch im nahen Infrarotbereich empfindlich sind, sind sie mit einem Infrarot-
Sperrfilter versehen, um die störenden Einflüsse der Infrarot-Strahlung auf die Bildquali-
tät zu vermeiden (Preiss 2012). Proportional zur auftreffenden Lichtmenge ändern sich
die elektrischen Ladungen der einzelnen Pixel. Nach der Belichtungszeit[10] werden diese
Ladungen ausgelesen (Häßler 2008). Hier bestehet der wesentliche Unterschied zwischen
CCD- und CMOS-Technologien.

3.3.1.1 CCD-Bildsensoren

Bei den *CCD-BILDSENSOREN* wirkt mittels durchsichtiger Elektroden ein elektrisches Feld
auf die Siliziumoberfläche. Durch das auftreffende Licht erzeugte Ladungsträgerpaare im
Silizium werden durch das Feld getrennt und bleiben in sogenannten Potenzialgefällen
unter der jeweiligen Elektrode gefangen. Diese Ladungen werden zunächst aus dem fotoaktiven Gebiet in die abgedunkelten Pixelzwischenräume verschoben. Danach werden sie
schrittweise zu dem Transistor weitergeleitet, wo sie seriell ausgelesen und in Spannungen konvertiert werden können (Hering und Schönfelder 2012, S. 620f.) (Abbildung 3.6).

---

[10] Belichtungszeit ist die Zeitspanne, in der der Sensor zur Bildaufzeichnung dem Licht ausgesetzt wird.

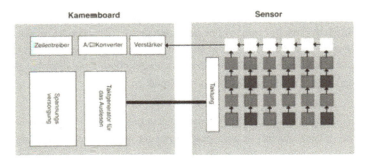

Abbildung 3.6: CCD-Bildsensor

Quelle: Häßler 2008

Verstärker, Analog/Digital-Wandler, Ausleseeinheit und Spannungsversorgung befinden sich auf einem nachgeschalteten elektronischen Baustein (Häßler 2008). Obwohl der allgemeine Trend hin zur Kamera auf einem Chip (CMOS) geht, werden bei hochwertigen Spezialkameras CCD-Bildsensoren bevorzugt, um die einzelnen Bereiche individuell optimieren zu können (Preiss 2012).

CCD-Bildsensoren weisen nur ein geringes Bildrauschen[11] auf. Außerdem haben sie einen hohen Füllfaktor[12] und entsprechend starke Lichtempfindlichkeit. Dies hat zum Vorteil, dass man auch bei einer geringen Beleuchtung gute Bilder bekommen kann. Bei einer Überstrahlung hingegen kann der Blooming-Effekt auftreten, d. h. die überschüssigen Elektronen werden an Nachbarpixel weiter gegeben. So überdecken die überbelichteten Bildstellen die umliegenden Bereiche in Form einer fackelartigen Auslöschung (Johannsen 2009; Preiss 2012).

3.3.1.2 CMOS-Bildsensoren

Im Gegensatz zu CCD-Bildsensoren beruhen die *CMOS-BILDSENSOREN* auf der Basis von Fotodioden[13]. Jedes Pixel eines CMOS-Sensors ist eine Fotodiode, so dass die Ladungen bereits in den Pixeln in die Spannung umgewandelt werden. Verstärker und Analog/Digital-Wandler befinden sich ebenfalls auf dem Chip und können die einzelnen Pixel durch eine Zeilen- und Spaltenadressierung direkt und in beliebiger Reihenfolge ansprechen (Hering und Schönfelder 2012, S. 618). Wie in Abbildung 3.7 dargestellt, ist der größte Teil der Signalverarbeitung bereits in den Sensor integriert.

---

[11] Bildrauschen bezeichnet die Abweichung der Farbe und Helligkeit von denen des eigentlichen Bildes.
[12] Füllfaktor bezeichnet das Verhältnis der fotoaktiven zur Gesamtoberfläche des Bildsensors.
[13] Fotodiode ist ein elektrisches Bauelement, das das Licht in den elektrischen Strom umwandelt.

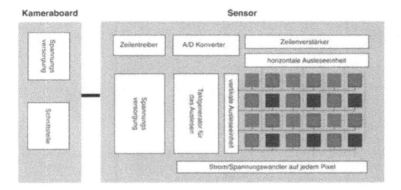

Abbildung 3.7: CMOS-Bildsensor
Quelle: Häßler 2008

CMOS-Bildsensoren werden bei den Kameraherstellern immer beliebter. Sie bieten ein höheres Potenzial, zusätzliche Funktionen auf dem Chip zu integrieren. Sie sind günstiger herzustellen, als die CCD-Bildsensoren. Zudem erlauben CMOS-Bildsensoren ein schnelleres Auslesen von Bilddaten und benötigen deutlich weniger Strom (Johannsen 2009; Preiss 2012).

Sie haben deutlich kleineren Füllfaktor[14], weil jedes Pixel nicht nur aus lichtempfindlichem Teil besteht, sondern von zusätzlicher Elektronik umgeben ist. Dies führt zu einer schlechteren Lichtempfindlichkeit der CMOS-Bildsensoren. Sie eignen sich gut für Gegenlichtaufnahmen und der Blooming-Effekt tritt nur sehr begrenzt auf (Johannsen 2009; Preiss 2012). Gleichzeitig wirkt es sich negativ bei den Aufnahmen mit unzureichender Beleuchtung aus. Dieser Nachteil kann durch den Einsatz vom Mikrolinsen umgegangen werden. Dabei wird eine Mikrolinse pro Pixel direkt auf der Sensoroberfläche aufgebracht. Das Licht, das auf lichtunempfindliche Stege fällt, wird von den Linsen zum lichtempfindlichen Teil der Pixel geleitet (Preiss 2012).

Wegen der inhomogenen Struktur der CMOS-Bildsensoren können zwischen den Pixeln Empfindlichkeitsunterschiede entstehen, was zu einem stärkeren Rauschen führen kann (Häßler 2008).

Eine Sonderform von CMOS-Bildsensoren stellt der von Foveon entwickelte *X3- BILD-SENSOR*. Die Besonderheit dieser Bildsensoren besteht darin, dass sie keinen Rot-Grün-

---

[14] Füllfaktor bezeichnet das Verhältnis der lichtempfindlichen zur Gesamtoberfläche.

Blau-Filter enthalten, sondern aus drei übereinander liegenden Farbschichten bestehen (Abbildung 3.8).

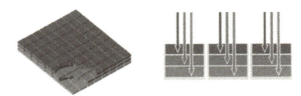

Abbildung 3.8:   Farbschichten eines Foveon X3 Bildsensors
Quelle: Häßler 2008

Das Licht unterschiedlicher Wellenlänge (unterschiedlicher Farbe) dringt bekanntlich unterschiedlich tief in das Silizium ein, bevor es in elektrische Ladung umgewandelt wird. Die Foveon X3-Bildsensoren nutzen diesen Effekt aus. So werden an jedem Punkt alle drei Farben erfasst und das Auftreten von Alias-Effekten[15] stark reduziert (Häßler 2008).

3.3.2   Infrarot-Näherungssensoren

INFRAROT-NÄHERUNGSSENSOREN werden vor allem in Smartphones, eingesetzt. Sie erkennen Situationen, wenn das Gerät beim Telefonat ans Ohr gehalten wird. So kann das Display rechtzeitig deaktiviert werden und ungewollte Eingaben mit der Wange werden vermieden (Vaygman 2012).

Dabei wird von einer Leuchtdiode (LED) das Infrarotlicht ausgestrahlt. Direkt neben der Infrarot-LED befindet sich ein Fotoelement, das die von einem Objekt reflektierten Lichtstrahlen aufnimmt und in elektrische Signale umsetzt (Hering und Schönfelder 2012, S. 162 ff.). Anhand der berechneten Laufzeit zwischen dem Aussenden und dem Empfangen der Lichtstrahlen wird der Abstand zwischen dem Gerät und dem Objekt (Kopf bzw. Ohr) ermittelt (Hering und Schönfelder 2012, S. 167). Erreicht dieser Abstand die festgelegte Schwelle, wird das Display deaktiviert. Sobald der Abstand sich wieder vergrößert hat, wird das Display aktiviert. Der Näherungssensor wird nur dann aktiv, wenn das Gerät ein Telefonat aufbaut oder eine Verbindung hergestellt wird (Dorau 2011, S. 51).

Infrarot-Sensoren können auch für andere Zwecke genutzt werden, wie z. B. berührungsloses Erwecken des Geräts aus dem Schlafmodus, sobald ein Ziel (die Hand) im nahen Bereich vor dem Display erkannt wird (Vaygman 2012). Ein anderes Beispiel stellt ein spezieller Infrarot-Sensor, der exklusiv für das Sprachsteuerungssystem Siri in das iPho-

---

[15]   Alias-Effekte führen zu Mustern, die im Originalbild nicht vorhanden sind.

ne 4S von Apple verbaut ist. Dieser Sensor ist immer dann aktiv, wenn das Gerät an ist und misst den Abstand zu dem Gesicht. Sobald sich das Gesicht in „richtiger" Entfernung vom Display befindet, wird das Siri angeschaltet und bleibt solange aktiv, bis sich das Gesicht wieder entfernt (iFixit 2011).

3.3.3 Umgebungslichtsensoren

UMGEBUNGSLICHTSENSOREN sind weitere optische Sensoren, die in mobilen Endgeräten eigesetzt werden. Sie erfassen die Intensität des Umgebungslichts und geben einen Lux-Wert aus, den einfallenden Lichtstrom pro Quadratmeter. Die Lux-Werte eines Umgebungslichtsensors reichen von 3 lx bis 65000 lx (On-Light 2010). Dies entspricht den Lichtbedingungen von Stockdunkel (0 - 10 lx) bis zum direkten Sonnenlicht (30001 – 100000 lx) (MSDN Microsoft 2012).

Bei dem aktivierten Umgebungslichtsensor wird anhand der gelieferten Lux-Werte die Displayhelligkeit exakt an das Umgebungslicht angepasst. Dadurch kann die Lesbarkeit der Displayinhalte verbessert werden. Außerdem kann die Akku-Laufzeit des Geräts unter Umständen deutlich erhöht werden.

Es gibt auch Sensoren, die die Funktionen des Umgebungslichtsensors und des Näherungssensors ausführen können. So z. B. SFH 7770 von OSRAM Opto Semiconductors passt nicht nur die Displayhelligkeit an das Umgebungslicht an, er ist in Verbindung mit einer Infrarot-LED gleichzeitig ein Näherungssensor und lässt auch die berührungslose Steuerung von Anwendungen zu (On-Light 2010).

3.4 Akustische Sensoren

Akustische Sensoren oder Mikrofone setzen die akustischen Signalwellen in elektrische Signale um[16]. Wenn sich die akustischen Signalwellen in einem hörbaren Frequenzbereich von 16 Hz bis 20 kHz (Hering und Schönfelder 2012, S. 462) befinden, spricht man vom Schall. Überschreiten die akustischen Signalwellen den Hörfrequenzbereich, spricht man vom Ultraschall.

3.4.1 Schallsensoren

Praktisch jeder *SCHALLSENSOR* besteht aus zwei Wandlern: akustisch-mechanischen und elektromechanischen. *AKUSTISCH-MECHANISCHER WANDLER* ist in Form einer Membran realisiert. Er wandelt den Schalldruck in mechanische Schwingungen. *ELEKTROMECHANI-*

---

[16] Lautsprecher wandeln elektrische Signale in die akustischen Signale um und sind somit Aktoren. Deshalb werden sie nicht in dieser Seminararbeit behandelt.

SCHER WANDLER setzt diese mechanischen Schwingungen in elektrische Spannung um (Görne 2008, S. 245). Es gibt eine Reihe von Wandlerprinzipien[17], die in der Technik realisiert werden können. In den mobilen Endgeräten werden Elektretmikrofone eingesetzt. Das ist eine preiswerte energiesparende Variante eines Kondensatormikrofons.

Allgemein nutzen *KONDENSATORMIKROFONE* die Effekte der Kapazität. Die Membran und eine Gegenelektrode mit angelegter Spannung bilden einen Kondensator. Mit der Schwingung der Membran ändert sich der Abstand zwischen der Membran und der Gegenelektrode und somit ändert sich bei konstanter Vorspannung die Kapazität des Kondensators. Diese Kapazitätsänderung steuert das Ausgangssignal (Görne 2008, S. 250).

Die *ELEKTRETMIKROFONE* brauchen im Gegensatz zu „normalen" Kondensatormikrofonen keine Kondensatorvorspannung. Stattdessen wird als Membran eine Elektret-Folie eingesetzt, die durch eine spezielle Technologie[18] permanent elektrisch geladen ist (Abbildung 3.9). Die Membran ist zur Schallseite hin metallisiert. Die polarisierte Elektret-Folie erzeugt durch Influenz[19] Flächenladungen auf der Gegenelektrode und der Metallisierung. Somit herrscht eine Spannung über dem Kondensator, d. h. der Kondensator ist aufgeladen (Mietke o.J.). Es wird keine Kondensatorvorspannung mehr benötigt, lediglich eine Wechselspannung für den nachgeschalteten Verstärker.

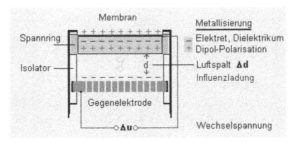

Abbildung 3.9: Elektretmikrofon

Quelle: Mietke o.J.

Das Wirkungsprinzip ist sehr ähnlich dem den „normalen" Kondensatormikrofonen. Der Schalldruck bringt die Elektret-Membran zum Schwingen, wodurch sich der Abstand zwi-

---

[17] Einen Überblick über die Wandlerprinzipien gibt z. B. Görne 2008 (S. 245ff.).
[18] Die Kunststofffolie wird zunächst erhitzt. Danach wird sie in einem Elektronenstrahl mit Elektronen beschossen, während sie wieder abgekühlt wird. Somit werden die Ladungsträger in die Folie „eingefroren" (Görne 2008, S. 252).
[19] Influenz bezeichnet die Ladungsverschiebung auf einem ungeladenen Körper, hervorgerufen durch einen sich in der Nähe befindlichen geladenen Körper.

schen den Elektroden (Membran und Gegenelektrode) verändert. Die Kapazität des Kondensators ändert sich umgekehrt proportional der Abstandsänderung. Die Influenzladung bleibt konstant, deshalb ändert sich die Kondensatorspannung umgekehrt proportional zur Kapazität. Letztendlich wird der Schalldruck in elektrische Spannungen umgewandelt (Mietke o.J.), die von der Auswerte-Elektronik ausgewertet werden können.

Schallsensoren werden nicht nur für Telefonie und Tonaufnahmen verwendet. In mobilen Endgeräten gewinnen auch sprachgesteuerte Funktionen immer mehr an Bedeutung. Ein auffälliges Beispiel stellt Siri dar, das Sprachsteuerungssystem für iPhone 4S von Apple. Dieses System kann per Sprache Termine und Erinnerungen einlegen, Nachrichten oder E-Mails schreiben und an gewünschte Person verschicken, Informationen im Internet suchen u. v. m. (Apple 2012).

3.4.2 Ultraschallsensoren

ULTRASCHALLSENSOREN werden zur Abstands- oder Entfernungsmessung verwendet. Über den Lautsprecher wird ein kurzer Ultraschallimpuls ausgesendet. Dieser Impuls wird von einem Gegenstand reflektiert und vom Mikrofon aufgenommen. Die Zeitspanne zwischen dem Senden des Ultraschallsignals und dessen Empfang ist proportional dem Weg, den er zurückgelegt hat. Da die Geschwindigkeit des Ultraschallsignals bekannt ist, kann auf diese Weise die Entfernung zu einem Objekt berechnet werden (Plate 2007, S. 396f.).

Um Ultraschallsensor als Entfernungsmesser auf einem mobilen Endgerät anwenden zu können, wird eine entsprechende Software benötigt. So bietet z. B. Apple für seine iPhone-Geräte eine Applikation Sonar Ruler von Laan Labs (Apple 2011).

Ein anderes Anwendungsgebiet für Ultraschallsensoren ist die Gestenerkennung. Das erste ultraschallbasierte Gestenerkennungssystem für mobile Endgeräte SoundWave wurde auf der CHI 2012 (ACM SIGCHI Conference on Human Factors in Computing Systems) vorgestellt. Dieses Gestenerkennungssystem nutzt den Dopplereffekt aus, um die Handbewegungen vor dem Endgerät zu detektieren und auszuwerten. Dabei werden von dem Lautsprecher dauerhaft die Ultraschallsignale im Frequenzbereich zwischen 18 und 22 kHz ausgesendet. Der Dopplereffekt bezeichnet die Veränderungen von Wellenfrequenzen, wenn sich die Wellenquelle und der Beobachter relativ zueinander bewegen. So erhöht sich die Ultraschallwellenfrequenz, wenn sich die Hand in Richtung Quelle bewegt. Bewegt sich die Hand von der Quelle weg, sinkt die Frequenz. Das Mikrofon fängt die reflektierten Ultraschallwellen auf. Anhand der Frequenzunterschiede zwischen dem ausgesendeten und dem empfangenen Ultraschallsignal können die Handbewegungen interpretiert und in Steuerbefehle umgesetzt werden (Gupta et al. 2012).

4 Zusammenfassung

Sensoren spielen für die Automatisierung der Steuerungsfunktionen eine Schlüsselrolle. Sie erfassen die benötigten Werte aus der Umwelt oder den internen Prozessen, die nach entsprechender Auswertung zur Ansteuerung von Aktoren genutzt werden. Dank der Miniaturisierung haben die modernen Sensorbausteine solch kleine Abmessungen und benötigen so wenig Energie, dass sie auch in mobilen Endgeräten wie Notebooks, Smartphones oder Tablet-PCs verbaut werden können.

Es gibt eine Reihe von Sensorarten, die in mobilen Endgeräten eingesetzt werden. Sie können in vier Gruppen

- Berührungssensoren,
- Sensoren zur Positions- und Bewegungserfassung,
- Optische Sensoren und
- Akustische Sensoren unterteilt werden.

Berührungssensoren detektieren Berührungen auf ihrer Oberfläche und erlauben Realisierung von berührungsempfindlichen Bildschirmen, den Touchscreens.

Die genaue Position des Geräts kann mit Hilfe von Lokalisierungssensoren bestimmt werden. Sie erfassen Daten, die von den Satelliten eines globalen Satellitennavigationssystems ausgestrahlt werden. Nach der Auswertung können diese Daten für die Navigation verwendet werden.

Zur Bewegungserfassung werden Beschleunigungssensoren, Lagesensoren und Magnetfeldsensoren eingesetzt. Beschleunigungssensoren messen lineare Bewegungen des Geräts. Lagesensoren messen die Rotationsbewegungen. Magnetfeldsensoren erfassen die Bewegungsrichtung im Bezug zum magnetischen Nordpol der Erde. Kombination dieser Messwerte gleicht die Einschränkungen und Messfehler einzelner Sensortypen aus und ermöglicht eine exakte Bewegungsinterpretation. Diese Sensoren können mehrere Eingabefunktionen übernehmen und unterstützen die Entwicklung bewegungsbasierter Anwendungen wie z. B. Spiele. Außerdem können sie die Navigationsdaten vervollständigen an Orten, wo kein Satellitenempfang möglich ist.

Optische Sensoren erfassen die Intensität des einfallenden Lichtes. Die anspruchsvollsten Sensoren sind die Bildsensoren. Bestehend aus mehreren Millionen Pixeln, die einzeln die Lichtintensität in Farben Rot, Grün und Blau erfassen, ermöglichen sie die detailtreuen Bildaufnahmen. Die Infrarot-Näherungssensoren bestehen aus einer Infrarot-LED, die Infrarot-Lichtstrahlen ausgibt, und einem Fotoelement, das die reflektierten Strahlen aufnimmt. Nach der Laufzeitberechnung zwischen dem Aussenden und dem Empfangen eines Infrarot-Lichtstrahls kann der Abstand zu einem Objekt ermittelt werden. Die Infra-rot-Näherungssensoren werden zum Aktivieren/Deaktivieren einzelner Modi bzw. Funkti-onen verwendet. Umgebungslichtsensoren erfassen die Intensität des Umgebungslichts und werden zur Optimierung der Displayhelligkeit eingesetzt.

Akustische Sensoren erfassen die akustischen Signalwellen, den (hörbaren) Schall oder den (unhörbaren) Ultraschall. Schallsensoren erfassen die externen Schallwellen und werden für die Telefonie, Tonaufnahmen oder zur Eingabe der Sprachbefehle für die Sprachsteuerungssysteme eingesetzt. Ultraschallsensoren senden aus dem Lautsprecher die Ultraschallsignale, die reflektiert von dem Mikrofon aufgefangen werden. Aus der be-rechneten Laufzeit kann der Abstand zu einem Objekt berechnet werden. Die Ultraschall-sensoren können nicht nur zu einer einfachen Entfernungsmessung verwendet werden. Sie können auch berührungslose Steuerungsfunktionen durch die Gestenerkennung übernehmen.

Die technischen Entwicklungen unterstützen die Menschen in vielen Bereichen. Sensoren spielen dabei eine sehr wichtige Rolle. Dank der Sensoren kann auch die Nutzung von mobilen Endgeräten alltagstauglicher, einfacher und interessanter gestaltet werden.

Literaturverzeichnis

Apple (2011): Sonar Ruler von Laan Labs.
http://itunes.apple.com/de/app/sonar-ruler/id324621243?mt=8, Abruf am 2012-06-20

Apple (2012): Siri. Dein Wunsch ist ihm Befehl.
http://www.apple.com/de/iphone/features/siri.html, Abruf am 2012-06-20

Bundesamt für Sicherheit in der Informationstechnik (o.J.): Mobile Endgeräte.
https://www.bsi.bund.de/DE/Themen/weitereThemen/MobileSecurity/MobileEndgeraete/
mobileendgeraete_node.html, Abruf am 2012-04-26

Dorau, Rainer (2011): Emotionales Interaktionsdesign. Gesten und Mimik interaktiver Systeme.

Europa (2006): Kommission sucht nach neuen Wegen zur Nutzung des Satellitennavigationssystems Galileo.
http://europa.eu/rapid/pressReleasesAction.do?reference=IP/06/1709&format=HTML&aged=0&language=DE&guiLanguage=en, Abruf am 2012-06-05

Geyssel, Anna-Lotta (2011): Wie funktionieren Touchpad und Touchscreen?
http://www.weltderphysik.de/thema/hinter-den-dingen/elektronische-geraete/touchpad-und-screen/, Abruf am 2012-06-08

Görne, Thomas (2008): Tontechnik. 2., aktualisierte Auflage, Hanser Verlag, München.

Gupta, Sidhant; Morris, Dan; Patel, N Shwetak; Tan, Desney (2012): SoundWave: Using the Doppler Effect to Sense Gestures. CHI'12, Mai 5–10, 2012, Austin, Texas, USA.
http://research.microsoft.com/en-us/um/redmond/groups/cue/publications/guptasoundwavechi2012.pdf, Abruf am 2012-06-20

Hammack, Bill (2012): How a Smartphone Knows Up from Down.
http://www.engineerguy.com/elements/videos/video-accelerometer.htm, Abruf am 2012-05-29

Hauptmann, Peter (1990): Sensoren: Prinzipien und Anwendungen. Hanser Verlag, München, Wien.

Hering, Ekbert; Schönfelder, Gert (Hrsg.) (2012): Sensoren in Wissenschaft und Technik. Funktionsweise und Einsatzgebiete. Vieweg+Teubner Verlag, Wiesbaden.

Hesse, Stefan; Schnell, Gerhard (2011): Sensoren für die Prozess- und Fabrikautomation. Funktion Ausführung Anwendung. 5. Auflage, Vieweg+Teubner Verlag, Wiesbaden.

Häßler, U. (2008): CCD- kontra CMOS-Elektronik.

http://www.5lux.de/fototechnik/ccd-kontra-cmos/, Abruf am 2012-06-25

iFixit (2011): Little Sister Siri.

http://www.ifixit.com/blog/2011/11/09/little-sister-siri/, Abruf am 2012-06-27

Johannsen, Jan (2009): Netzwelt-Wissen: Bildsensoren.

http://www.netzwelt.de/news/80895-netzwelt-wissen-bildsensoren.html, Abruf am 2012-06-26

Kowoma (2007): Positionsbestimmung.

http://www.kowoma.de/gps/Positionsbestimmung.htm, Abruf am 2012-06-04

Kowoma (2007a): Erreichbare Genauigkeit.

http://www.kowoma.de/gps/Genauigkeit.htm, Abruf am 2012-06-05

Laible, Michael; Müller, Robert K.; Bill, Bernhard; Gehrke, Klaus (2009): Mechanische Größen, elektrisch gemessen. Grundlagen und Beispiele zur technischen Ausführung. 7., durchgesehene Auflage, Expert Verlag, Renningen.

Mietke, Detlef (o.J.): Vom Elektron zur Elektronik. Elektretmikrofon.

http://www.elektroniktutor.de/techno/c_mikro.html#elektret, Abruf am 2012-06-20

MSDN Microsoft (2012): Grundlagen und Interpretation von Lux-Werten.

http://msdn.microsoft.com/de-de/library/dd319008(v=vs.85), Abruf am 2012-06-28

N-TV (2011): China startet GPS-Konkurrenz.

http://www.n-tv.de/wirtschaft/China-startet-GPS-Konkurrenz-article5089716.html, Abruf am 2012-06-05

On-Light (2010): Digitales Doppelpack – Näherungs- und Umgebungslichtsensor kombiniert.

http://www.on-light.de/home/news/article/digitales-doppelpack-naeherungs-und-umgebungslichtsensor-kombiniert.html, Abruf am 2012-06-28

Plate, Jürgen (2007): Linux Hardware Hackz. Messen, Steuern und Sensorik mit Linux. Hanser Verlag, München, Wien.

Preiss, Walter (2012): WP's SloMo CCD und CMOS Sensor Info. Sensortechnik.

http://www.fen-net.de/walter.preiss/d/slomoinf.html, Abruf am 2012-06-26

Reif, Konrad (Hrsg.) (2010): Sensoren im Kraftfahrzeug. 1. Auflage, Vieweg+Teubner Verlag, Wiesbaden.

Scantec (2010): Technology Transfer. Invensense ITG-3200 MEMS Gyroskope für Gaming und Gesten. http://www.Scantec.de/knowledge-base/technology-transfer/2010-

2/invensense-itg-3200-mems-gyroskope-fuer-gaming-und-gesten.html, Abruf am 2012-05-27

Scantec (2012): Das weltweit erste 9-Achsen Bewegungserfassungs-IC mit integriertem AKM 3-Achsen Kompass.
http://www.scantec.de/de/products/produkt-news/einzelansicht/das-weltweit-erste-9-achsen-bewegungserfassungs-ic-mit-integriertem-akm-3-achsen-kompass-153.html, Abruf am 2012-06-01

Teltarif (2012): Navigation mit dem GPS-Handy.
http://mobil.teltarif.de/navigation/handy.html, Abruf am 2012-06-04

Theiss, Bernd (2011): So erkennt ein Smartphone jede Bewegung.
http://www.connect.de/ratgeber/bewegungsmessung-von-smartphones-1169755.html, Abruf am 2012-05-30

Vayman, Ilya (2012): Kombinierte Umgebungslicht- und Näherungssensorik reagieren auf Handbewegung. Aufwecken ohne zu berühren.
http://www.all-electronics.de/texte/anzeigen/44944/Aufwecken-ohne-zu-beruehren, Abruf am 2012-06-27

Wiedermann, Harald (2004): Numerische Physik. Springer Verlag, Berlin, Heidelberg, New York.

Wikipedia (2011): Rauschen (Physik).
http://de.wikipedia.org/wiki/Rauschen_(Physik), Abruf am 2012-06-01

Wikipedia (2012a): Newtonsche Gesetze.
http://de.wikipedia.org/wiki/Newtonsche_Gesetze, Abruf am 2012-05-27

Wikipedia (2012b): GLONASS.
http://de.wikipedia.org/wiki/GLONASS, Abruf am 2012-06-05

www.ingramcontent.com/pod-product-compliance
Lightning Source LLC
Chambersburg PA
CBHW031233050326
40689CB00009B/1593